每一個
年輕人都應當
乘着**夢想**的
翅膀出航。

飛翔專號

拾五拾六FAQ

懂性篇

拾五拾六FAQ——懂性篇

作者／Q 師傅
總編輯／馬鎮梅
責任編輯／廖迎祺
美術設計／黃漢威
出版發行／突破出版社
香港沙田亞公角山路33號突破青年村
電話：2632 0000　傳真：2632 0388
電郵：breakthrough@breakthrough.org.hk
網址：http://www.breakthrough.org.hk
http://www.btproduct.com
承印／海洋印務
2006年2月初版1刷

Teens' FAQ about Love & Sex

by Mentor Q
First Printing, First Edition, February 2006

ISBN 962-8913-12-3

我們的第一次只得一次
letter 12 - 17

我們要緊守底線
letter 18 - 20

我們要勇敢面對
letter 21 - 24

關於師傅過招Q師傅

Q師傅是何方高人？是男是女？

很久以前，《突破》雜誌有位隱世高人叫明心，主持明心信箱幫助無數身陷成長困惱的青年人。進入網絡時代，明心把這個重任交給了Q師傅，繼續豎起耳朵細聽青年人的掙扎和呼聲。既然時代轉變，信箱寶號自然也要翻新一下，於是Q師傅就在**Uzone21.com「師傅過招」**正式和大家見面！正如你總不知道明心是男是女，Q師傅也秉承優良傳統，忽男忽女，既老且少，莫測高深，撲朔迷離……

Q師傅怎樣處理來信？

自Uzone21.com「師傅過招」啟動以來，每天都收到大量求助電郵。Q師傅也是凡人，不能給所有人回信，所以只能**先作分類**（*總分類見頁143*），評估緊急程度，**分流處理**……對，就像醫院急症室一般，有些要即時回信止血，有些會援引曾回答的信件請網友自行參閱，有些不便公開的會私下處理，有些不能單靠電郵解答的就轉介到突破輔導中心，或介紹其他機構的服務。

「師傅過招」與其他ｘｘ信箱有什麼不同？

有人單單閱讀網友的來信便嚷着説「師傅過招」和一般的ｘｘ信箱一樣，甚至猜測來信是Q師傅自己腦海幻想出來的「創作」。説句老實話，Q師傅單是回信已忙得喘不過氣，又何來時間空間做這些無謂的「創作」？

其實「師傅過招」的設立，是建基在一個信念之上——**青年人遇到困難，如果能先作整理，問題已解決了一半！**Q師傅不會扮專家，以為自己什麼都懂，Q師傅只是**從網友的分享中，發掘被忽略的元素，從網友的處境中指出解**

決問題的路向，引導網友思考，單單這一點已跟很多信箱專欄不一樣了。

Q師傅一定是在愛情或性方面有很豐富的經驗才能回應他們吧？

哈哈，正如你不一定要用刀子插自己，也知道這樣做會很痛吧！再者，經驗太豐富反而更容易當局者迷。Q師傅很用心聆聽各方朋友的人生故事，兼且**全情投入，感同身受**，所以在愛情或性的問題上，往往更能直擊要害——當然，讀書吸收知識也是不可或缺啦！

有沒有碰過不懂得回答的問題？

雖然Q師傅不是萬能，有時回信要花多一點時間沉澱和消化，甚至蒐集資料，但總算未遇到完全束手無策的情況，大概是因為雖然各人處境不同，細節千變萬化，但**問題背後是一個又一個活生生的人，生活在同一天空下**。因着對人的了解，Q師傅總是從蛛絲馬跡中尋找到問題的脈絡，讓網友感受到**這個世間上仍有人明白自己。**

怎樣才算懂，不僅僅是知識多寡的問題，Q師傅寧以謙虛的心仔細聆聽，也不會明明不懂卻裝懂。青年人的流行用語每天也在變，的確也有Q師傅不明白的時候，對於**來信中出現的一些通俗用詞**（有時甚至帶有性別歧視），Q師傅雖然儘量包容接納，但始終這些來信是公開的，所以在正式回信時，Q師傅會在保持「原汁原味」的大前提下作少許修訂，希望大家明白這不是要扭曲（甚或騎劫）網友的心聲。*（編按：這類文字在書中會加上註釋符號註，註釋解讀見頁136〈師傅過招詞典〉）*

「除非我們學會愛護珍惜自己的身體，否則我們不可能真正懂得以神聖的愛去愛配偶。」

韋約翰（John White）

我們是我們身體的管家
letter 01 - 04
13
3G

Q師傅：

我是一個基督徒，但我的男友卻不是。

他知道，除非我們結了婚，我不會跟他有 sex，
但他卻問我能不能為他 masturbate（手淫）……

這是不是錯？我知道這對他來說很難受，而他也很尊重我不想有 sex，
可是我卻覺得我不能讓他得到滿足。

我應該怎麼辦？先謝謝你的回覆。

Stacey

（編按：來信原為英文，經編輯中譯。）

親愛的 Stacey：

謝謝你坦誠寫下你內心的掙扎，要把這些私密的事說出來並不容易，但你確然做到了。就像你決定要寫這封信給我一樣，你要怎樣面對你的男友，要由你來決定，也只有你可以作決定。以下我所做的，只是為你勾勒一些要考慮的方向而已。

對於你認為，要把性留給婚姻，Q 師傅是相當欣賞的。但當你信守這些原則時，有沒有想過為什麼要把性好好保管？為什麼你的信仰要這樣要求你？在今天性觀念這麼開放的時代，這種想法不是十分老套、落後和專制嗎？

基督教信仰誕生於2000年前，但你要知道在性方面這樣「保守」，並不是由於她歷史悠久，因為在那個時代也有不少作風大膽而「開放」的宗教信仰，把性行為當作宗教祭祀的禮儀。我這樣說是要你先認清一件事，就是**你與男友對性的看法不同，並不是由於你信奉了一個古老宗教，也不是由於你老套古板——你只是在堅持對身體和性的重視**，你希望能把這些寶貴的東西留給與你立下婚姻盟約的人，你只是想說明你不是個隨便的女生。

你用的字 masturbate，起源自 19 世紀，由「用手」和「玷污」兩個字組合轉化而成，現代英語則不再加入「玷污」這帶道德判斷的形容來定義，轉而從寫實角度描寫成「接觸或摩擦自己或他人的性器官以達致性愉悦」。這個字在中文一般譯作自慰、自瀆或手淫，前兩個說法集中在個人對自己的性刺激，後者則不限個人。你所說的情況，似乎用手淫來描述會更合適。

有了這個基礎，我們便可以進一步看看，到底為男友手淫與你的堅持之間有多大衝突。當你拒絕與男友有性交，男友轉而提出另一個「選擇」，就是為他手淫，這背後到底想說明什麼？我想大概有以下幾點：一・你男友在性方面有需要；二・如果性行為是一個由眼神接觸到身體接觸以至性器官接觸的過程，**你男友想知道在性交這最後一步之前，你可以接受到哪個程度，同時又可以滿足到他的性慾**；三・手淫在性行為級別中，是既能讓男性藉着射精而使性慾得到滿足，又最安全和「最少手尾跟」的一項——因為手淫不會讓女方懷孕，只要精液沒有接觸到女方的性器官。

我們看性，很多時都以會否導致懷孕來判斷有多嚴重，所以也許在你男友看來，為他手淫並不是很大的事，你沒有多少損失，你極其量只是服侍他而已，有什麼大不了？

但對你來說，這已是性行為的一部分，婚姻是你的最低要求，用以表明他有多愛你，是否願意在眾人面前宣告他會委身給你的人生，以你為一生的伴侶，不論環境順逆都會全心全意愛你——你想把你的身體和性留給這個人，**希望性愛的歡愉是在完全的愛和接納中得到，而不是在偷偷摸摸中給對方單方面預支上期**，但你的渴望卻一直懸空。

不是說女性沒有性需要，Q師傅只是想說，女性甚少單靠身體的性刺激便能得到滿足，因為女性一般在關係方面的需索比性更為根本，沒有愛的話，性只是廢話。願意以一生為代價的愛，會讓你更享受到性的歡悅。

你男友對女性的認識也許不多，未能明白你有更全面的性需要，不明白你要以婚姻作為

性的基石背後的原因，這方面你可以先想一想，再跟他說清楚你所追求的是什麼。如果只把這份堅持說成是信仰要求，實在是太過簡單了，他根本不會明白你所堅持的到底是什麼。

其實，女生在性方面的期望也是可以追求更理想的，你說是嗎？

letter 02

Q師傅：

What do Christians think about 婚前性行為？

Are they allowed to do this, or they are not?

Commy

親愛的 Commy：

Q 師傅猜想你在來信之前，已隱約知道基督教並不贊成婚前性行為，是嗎？

基督教信仰的確不認同這一點，因為所有性行為都必須在婚約的保護下進行。從這方面想，我們有兩個關鍵考慮，一是有關性行為；另一是婚約。

先說婚約，這是一對戀人在神在人面前立約，承諾盡一切努力去愛對方。婚禮安排邀請親友來觀禮，他們其實不單是來趁熱鬧的，他們也是見證人。婚禮是一個立約的典禮，男女雙方決定進入婚姻，互為終身伴侶，在典禮中他們是在彼此立約。他們在上帝面前講出盟約的誓詞，交換信物，邀請見證人見證這個約誓，全都是訂定盟約的程序。

至於性行為，不論是對心靈抑或肉體都十分震撼。由於它是如此深刻，我們最好能給它最佳的保護。雖說世上並無絕對保證的承諾，但我們總不能因為這樣，便說由承諾而來的保護不重要。正如你即使沒有最好的衣服，亦並不意味你就要脫光啊。

婚約的其中一層保護意義就在於此。在這保護下，性行為背後的愛，才算充分呈現它的極致。**失去這層保護，性行為便要冒上很大的險，把身心交予對方的原動力，是衝動而不是意志。雖然表面上這好像沒有什麼分別，但它既不是意志主導，它便說不上抉擇，更說不上什麼自由和責任了。**

《聖經》告訴我們，愛，使人自由，帶來釋放。這樣的性行為與《聖經》所說的愛背道

而馳，你認為上帝會支持這種性行為嗎？

通常婚約都會有一段誓詞，讓一對新人表達他們會不論環境順逆、疾病健康，仍然堅持無條件地愛對方。這段誓詞不是一段對白，而是滿有限制的人向無限的上帝發出的祈願。

婚姻的莊嚴，就在這裏。

letter 03

Q師傅：

在基督教的觀點，自慰是罪嗎？

Daisy

親愛的 Daisy：

自慰是不是罪？單單答你是或不是，並不能幫到你什麼。你不如先跟 Q 師傅一起思想一下有關自慰的問題吧。

自慰與性有關，不過自慰的背後，很多時並不止於性慾的滿足。自慰是以自己的行動滿足自己，是藉着幻想，利用某人的身體來滿足自己的慾念。從《聖經》的觀點看，本質上這與罪沒有兩樣，因為自慰把上帝看重的人看成物件，不尊重祂所創造的身體。

著名的基督教作家**韋約翰（John White）曾說：「除非我們學會愛護珍惜自己的身體，否則我們不可能真正懂得以神聖的愛去愛配偶。」**因為自慰的運作純粹以自己為中心，長期自慰，會不斷強化這種以自我為中心的想法和態度，最終會使你不能認識上帝所創造的性愛的真正滋味。

青少年的發育階段，因着荷爾蒙的影響，很容易有性方面的衝動和慾望，因而較容易想到要自慰。如果這些情況處理得好，我們會對上帝所創造的性和身體有多一份領會，明白性與愛的不可分割，明白性與愛都是一種給予，也對我們將來在婚姻中的性愛有幫助。不過如果處理不當，或忽略其中的影響，我們將來即使結了婚，有性生活，也不能真正體會上帝創造性愛的原意，配偶只成為自己的泄慾工具。

每一個陷於自慰的人都有自己的原因，其中不少都關乎成長時的獨特經歷，所以沒有一帖人人合用的萬能藥方。有些人會以《聖經》所說「逃避少年人的私慾」應用在自慰問題上，主張不去想它，它便漸被遺忘，不過這只能適用於某些人身上；有些人主張以轉移注意力的方式來除去自慰的習慣，例如多運動、做有意義的事情、淋冷水浴等，不過我覺得，現實中一個人不可能整天都淋冷水浴吧？

以上所講的方法其實都可一試，因為你未必清楚自己自慰的成因，或許碰巧有一個方法能幫到你。但如果真要尋求根治，你便要對自己和自己的成長經歷有相當的了解，從而尋求對症下藥的方法。舉例說，若你自慰的成因與童年被侵犯有關，便要醫治這一段創傷歷史對你的傷害；又如果你留意到每次自慰，通常是在被壓力包圍的情況下發生，你便要先解決壓力帶來的焦慮，你可以找專業的輔導員幫你。

戒除自慰是一個成長歷程，有些人即使結了婚，大半生都仍然要面對自慰的問題。有些人好不容易戒除了，可是隔一段日子又要再面對。就像面對其他的成長困難和罪，基督徒是活在耶穌基督的恩典之下，在祂的保護中學習成長，跌倒了又再起來……放心吧，只要你願意改變、成長，祂救恩的手一定不會離開你。

祝你在上帝的愛中不斷成長。

Polly
Shirley
27305

letter 04

Q 師傅：

有幻想的自慰是不是罪？

Dirk

親愛的 Dirk：

收到你的來信後，Q 師傅想了很久，我在想，你是假設有這種情況發生，還是真的試過？抑或你是在思考自慰的底線在哪裏？

從《聖經》對罪的描述所得，**罪有一個重要的特徵，就是使人受捆綁，無法自由地過活。**由性幻想而自慰，會因為沉溺的緣故而難以自拔，只看見自己的性慾需求，只求即時滿足。這背後的壞影響有兩方面，首先是沉溺。沉溺是一種心理毛病，使人經常心思思想做某些事，去到一個地步，就是無法以理智扭轉自己的行為，如同被某種力量捆綁着。

自慰另一方面的困難是自我中心。性慾的出現是很平常的，不過以自慰的方式解決性慾，與婚姻中的性愛最不同的是，**自慰並沒有生命的交流，使人的焦點自困於個人之內，被自己捆綁。**長期自慰，會使人漸漸忘卻性伴侶的整體需要，只求自我滿足，以對方來滿足自己的慾望，叫對方淪為工具。

即使沒有性幻想，單單以自慰來滿足自己的性需要，長此下去亦難免陷入更深的自我中心。既然效果與一般自慰沒有分別，在這意義下我們也可以說這是一種罪。

或者你會想到，如果要做婚前檢查，需要以自慰來抽取精液作化驗，這樣又算不算犯罪呢？我想，心態總比行為更根本，這是耶穌對猶太律法主義的批判；在上述處境裏，刺激身體射精，一次便完成了，正常來說它不會吸引你再多做一次，繼而成為習慣。但如果你不斷

以這些「正當」原因來掩飾你的慾望，又邊對自己說「沒問題的」，最終只會讓你陷入沉溺，

在自己的藉口中被捆綁。

「如果性真的那麼輕易帶來歡愉，媒體的性疑難解答節目又怎會如此受歡迎？」

《第一次得一次！》

我們要控制我們的幻想

letter 05 - 08

Q師傅：

中意一個人，有**性幻想係正常？**

especially boys ?! it's more difficult for them to understand true love ?

Questioned

親愛的 Questioned：

從你的問題，Q師傅可以大膽猜測你是女孩子吧？

你問是否喜歡一個人便一定有性幻想，其實即使男孩子沒有一個特定喜歡的人物，也可以有性幻想。男孩子在青春期特別容易受到眼目的刺激而產生性興奮，眼目刺激包括性感的裝束、心儀對象的打扮、色情雜誌、色情光碟等。有時他們在這方面的控制能力欠佳，導致常常墮入性幻想，常常有希望嘗試性行為的心態，將幻想片段活現於自己身上。若在這階段拍拖的話，女朋友便很容易成為一個試驗性行為的對象。

但男孩子絕對不是色情狂，他們也有渴求真愛的時候，只是太多時候性的好奇與渴求比追尋真愛的渴求要大很多罷了。而在這課題上，女孩子亦要負上一定的責任，若你自己認為愛遠比性重要的話，你對待性要求的態度立場便應該很強硬。**很多時女孩子害怕失去一段關係，但若這種由愛出發的關係變為由性出發，又是否你所願呢？**

別只埋怨男孩子不懂真愛，試試積極一點，主動調正男孩子對性與愛的概念，讓他們明白你的想法，明白你的底線，明白不必要的性要求只會破壞關係。在這個過程中，我相信你與身邊的男孩子也會理解到，真愛最在乎的就是溝通與尊重。

♡你的人
一生一世！

letter 06

Q 師傅：

曾幾何時，有個比我大 6 年的朋友同我講過話**色情係男人死穴**。
我當時都唔信，因為我個 friend 當時正被色情電影、雜誌、網頁等迷惑，
而佢亦都**話我將來一樣會被色情迷惑**。可能我當時仲未踏入青春期，
所以並冇理會佢那番説話。

但係自從舊年開始，我不自覺地開始喜歡留意女仔，
有時亦會不自覺地產生興奮。而我現在的年齡正正同我個 friend 當時的年齡一樣。
莫非真係一踏入青春期就會被色情誘惑？

因為我而家上色情網頁的次數愈來愈頻密，成日想遏制住自己，但係有時

見到個稍為漂亮的女士，又會控制不住地產生無限幻想……

究竟係咪每個青春期男士都有如此經歷？

迷途小羔羊

親愛的迷途小羔羊：

你的問題絕對是每個男孩子都可能遇上的問題！Q師傅甚欣賞你留心自己這方面的變化，並願意認真去面對的態度。

正如你所說，踏入青春期就發生了變化，真神奇！你有想過是因為什麼原因嗎？踏入青春期，男孩子特別容易受眼目刺激而產生性興奮，這並不表示所有男生就因此變成了色情狂，但也不代表所有男生便有用目光去非禮女性的特權。

既然知道了自己容易受眼目刺激而引發性幻想，便要學習控制自己的情慾。眼睛是用來看東西的，不能制止它正常運作，但**以一種怎樣的心態去看卻是你可以控制的**。你是否常

「眼甘甘」地看着女性的身體？是否令被看的人渾身不舒服？那就連做人的基本禮貌也沒有了！保持基本待人的態度，不要「眼甘甘」地看人，至少可以幫助你分散注意力。

夏天來臨，女生的衣着愈來愈性感，特別於人多擠迫的地方，少不免有近距離的接觸或碰撞。這時，你要提高警覺，避免與女生有碰撞，甚至要刻意避免走近女生。也嘗試多與朋友一起出外，有助你分散對女生的專注力。

盡量避免常獨自在家或躲在自己房中，因為一個人的時候，我們本能地就會心思思想做一些很個人、很祕密的事。對你來說可能是進入色情網頁、看色情光碟、色情漫畫等等。避免獨處，**是你可以主動選擇去做的事。**

你提及你試過想制止自己但不成功，其實上網或看色情物品都會上癮，當單單「看」已不能滿足你時，自然就會想「做」，想去試試真實的感覺，所以你要加倍努力，堅持限制自己接觸這些東西的次數或時間，向着目標進發。

最後希望你能勝過試探！加油！

14.2.2000

Q師傅：

我聽人講多數都係男仔先會自慰……女仔自慰係唔係唔正常 ???

而**如果女仔自慰**，人地話係用枕頭……

我用手，**係唔係好唔正常 ???**

我自慰時幻想住自己同緊人 ***ml***[註]（其實我仲未成年，當然唔會 ml 啦）

咁我個思想係唔係好 dirty？

女仔一個

親愛的女仔一個：

性在每個人的生命當中都擔當很重要的角色，更是在青春期階段建立日後個人性觀念、性態度的第一步。其實男孩子與女孩子均會有性的慾望，所以不論男女都有可能出現自慰的行為，只是傳統社會一般較少提及女性自慰的課題而已。

至於你問及自慰的方法是否正常，那得先要知道什麼是自慰。自慰其實是指用不同的物件去刺激自己的性器官，引致快感或高潮（男性會出現射精的現象）。這些刺激可以是由幻想或影像引發。自慰是很私人的事，不同人有不同的喜好與生活習慣，所以不存在怎樣自慰才是正常的問題，當然，若對身體造成傷害的方法又另作別論。

性幻想是否污穢，就要看你自己的價值觀了。坦白說，你不告訴別人的話，是不會有人知道你有這種幻想或自慰的習慣。**若你自己也感到不妥當的話，你得問自己是什麼不妥？哪裏出現了問題？**有很多青少年都因為自慰而出現很多掙扎與罪疚感，你是否也有這種想法？若有的話又是什麼原因引發這種想法？

你提及到在自慰時會幻想自己在進行性行為，若你自慰的次數頻密，也就表示你常陷入性幻想當中。其實性幻想也可如毒品一樣，使人上癮、沉醉於其中、不能自拔；有時甚至會為了追求更深的滿足感，而引發更多性行為的渴求。當自慰已不能滿足性慾望時，便會想試真正的性愛。

你在信中也有提及不會與別人進行性行為，是因為自己未夠16歲？還是因為未有男朋友？還是另有原因？**希望你知道何時發生性關係，不是取決於年齡，也不一定是有男朋友就一定會發生性關係。**不斷重複出現的性幻想，可能會使你對真正的性行為有一定的渴求，但不要因為滿足一時的渴求，便輕易與男朋友進行性行為。

最後，希望你不要把自己困在性與幻想當中，多與同學接觸，建立健康的社交生活吧。

letter 08

Q 師傅：

睇完「冇幻想的自慰」一信後（頁 28），我諗，咁 ***cybersex***[註] 或者 ***phone sex***[註]，究竟有無錯 ?!

都只係兩方面各自進行，而且又**無影響其他人**。

魚

親愛的魚：

謝謝你來信追問。

Q 師傅希望你認清一點，就是 cybersex 或 phone sex ，雖然是只有兩方分別同時進行，但對着電腦上的留言來自慰時，**你面對的，其實是你心中的泄慾工具。**甚至可說，對方並不算人，與電腦程式設計出來的對話，與淫褻的色情電子遊戲的情節和對話，本質上沒有兩樣。

所謂「沒有影響其他人」，視乎你怎樣理解「影響」。看來你把自慰或隨便的性愛對人的影響，只局限在身體上；事實上，自慰對人的心理和靈性的影響，比對身體更為深遠，這些影響Q師傅在以前的信中已答過，請你認真的看看吧。

Q師傅

PCP
任何人與年齡
未滿16歲女童發生性行為，
即屬違法，最高可判監五年。
法律的精神是保障女性的，
因此即使女方同意，
甚至是女方主動要求發生性行為，
男方仍已觸犯法例。假若與年齡
未滿13歲女童發生性行為，最高可
判終身監禁。

我們要小心陷阱

letter 09 - 11

letter 09

Q師傅：

請問，在ICQ[註]與未曾相識的（自稱）外國朋友談天是否一種學習英語及活用英語的好方法？但他們**開口閉口都提及sex**，令我有少許不能適應。他是美國人，他說他「習慣談情說性」，這到底**是文化的差異還是我過於落伍呢？**我應該怎樣才使自己在不尷尬而又不使對方不滿的情況下建立友誼？

p.s. 我應該選擇什麼話題與外國朋友談論（他不懂讀寫中文，與他談天很難找話題，我的英語水平太低了），不至過於沉悶及尷尬？

好多謝你的解答 !! ~~~~

盼兒

親愛的盼兒：

相信很多年輕人跟你一樣，閒時都會玩 ICQ，認識一些網絡朋友，特別是遠在外國的，建立友誼之餘，亦希望可以學英文。然而，由 ICQ 引發的騙色騙財事例多不勝數，相信你亦有所聞，所以在使用時不得不小心。

透過 ICQ 認識外國人而能學好英文固然是好，但是，以性愛作話題卻絕對不適宜。**交友可以有很多話題，可以是學業，可以是興趣，更可以是天南地北，為何他老是跟你談性？**你認為他目的何在？他是想真心和你做朋友，還是一心想滿足自己的私慾？

以 Q 師傅之見，這樣的交往並不健康。其實在 ICQ 上，有不少人都借 ICQ 談性，傳播色情訊息，為的只是滿足自己的慾望，並非真心交友。憑你的形容，你說的「美國朋友」很可能屬於這類型。這樣的相處不但不能助你學好英文，更有誤墮色情陷阱的危險。Q 師傅建議你立即停止跟他 ICQ ，並將他的名字放進 Ignore List ，不容他再騷擾你。

雖然在 ICQ 上可能會遇到壞人，但網上亦不乏「純品」的朋友仔！只要你加點耐性，並提高警覺，避開不健康的交往便可以了。

Alex
永遠和你在一起的

Q 師傅：

你好呀……我叫亞茵，14 歲～

我好煩，唔知點好……**我喺 ICQ 識咗個男仔**，佢 21 歲（但個樣似 18/19 歲），識咗都有一年 ***la***[註]……我地出嚟見過一面，之後就冇 la～

直到 12 月 25 號出嚟，佢同我講話你又話做我女朋友？（因為之前喺 ICQ 講話做佢 ***gf***[註]）咁我答應咗佢……之後我地又出街……咁佢就同我 kiss……當時其實我唔係咁想 ***ga***[註]……因為我唔想咁快但係我覺得唔同佢 kiss 就等如唔 love 佢 ***lor***[註]……**佢話佢 *d*[註] 第一次想比晒我 *wor***[註]……但係我就唔多想 lor……

我覺佢有嘢唔同我講 lor，要問先講～

其實我同佢年齡差 7 年會唔會唔好呢？如果我真係 love 佢好唔好比晒 d 第一次佢呢？我同佢一齊會唔會好辛苦呢？我想問**係咪所有男仔都想 gf 聽晒佢話，咁先至認為 gf love 佢呢？**我唔知點好……

我可以為咗佢做好多嘢……我知我同佢分手我會做傻嘢……

亞茵

親愛的亞茵：

看過你的來信，很替你擔心呢！Q師傅不是擔心你們的年齡差距大，也不是擔心你是否以後要全聽他的説話，擔心只是因為你好像已經跌入一個圈套！

你説**你們只是在ICQ相識一年，見過一面**，但你們的行為似乎已超越你們應有的關係。如你所講的話，對方似乎只是不斷用各種美言，誘騙你與他發生性行為，以滿足自己的性慾。**對方知道你只有14歲嗎？若他與你發生性行為，不管你是否同意，他已觸犯刑事罪行！**

愛情應該是互相尊重的，不論發生任何程度的親密關係，都應該是雙方自願；但這個人卻在言語上令你覺得自己在這段關係中有虧欠，最終在「自願」的狀態下與他發生性行為。

不必要的性行為，不會令你們的關係好轉，也不會令他對你的愛增加。若他真的對你的愛大大增加，你也應該想一想他是愛你呢，還是愛與你發生性行為？若他此後便不理你，每次見面就是為了發生性行為，你會怎樣？相信你也看過很多關於 ICQ 朋友見面後被強暴及性侵犯的報道，別以為自己不會受騙，只怕你被騙了也不知道。

亞茵，你必須知道愛情是用心的，不是用身體的！**當這個人從不用心去認識你、從不用心去建立、培養彼此的感情，只用計謀去獲得肉體上的歡愉，你認為這個人愛你有多深 ?!** 在任何關係中，你若不願意或不想發生某種親密關係，這是你的權利；若有人用各種方法迫使你去發生某種肉體關係，這個人為的是滿足自己，你的妥協並不會對這段關係有任何幫助。

若他真的愛你，為什麼又要迫你與他發生關係？可能你不認為他是迫你，但 Q 師傅相信他老是提起有關發展親密關係的事吧？愛情是包含兩個人的關係，不會出現我只聽你話，或是你只聽他話的情況。一段健康的愛情，是可以容讓兩個人的聲音都存在、都被接納、都被尊重，彼此在相處的過程中互相認識，分享快樂，分擔憂傷。**你認為這個男孩子能做到這些對愛的基本要求嗎？**

有時別人就是看準你對愛情的真誠去傷害你！所以你自己也要想清楚，你為什麼要拍拖？你對拍拖有什麼要求？有什麼底線？這個人是否都符合這些條件？為什麼你要與這個人拍拖？是想經驗一下何為拍拖，還是真心喜歡他呢？你必須找到這些問題的答案，好讓你心裏拒絕的聲音更強大，強大到你可以用言語直接拒絕對方的邀約及要求。

愛情不等於性關係，真心的愛也不一定要有性關係，只是很多人誤解性行為就等於愛！不必要的性行為會帶來許多很嚴重的後果，特別在你對這個人的認識還非常有限的時候，他的健康狀況、他是否有傳染病你都不知道，就這樣與他發生性行為是非常危險的事。若他在發生性行為之後不再找你，你有想過那應該怎麼辦？別以為自己有能力處理這些性要求，別以為見見面做朋友也無妨，因為這等於將自己放進獅子籠一樣。

成熟的愛情不是犧牲、不是傷害。沒有必要為任何人去做一些傷害自己的事情，愛的本意是要好好照顧自己，令愛你的人不用擔心。而且你們的關係似乎並不牽涉到很深的愛，只是你錯把失去別人關愛的感受，誤以為就是你深愛對方的表現。其實每個人都渴望別人對自己的關注，不斷在身邊噓寒問暖，將注意力集中於自己身上。一旦失去了這種專注，誰都會失落、不快！所以你也要想清楚自己與他的關係，是朋友？是愛人？還是普通人一個？若真的只是一個普通人，那你更加要小心處理他的性要求啊！

最後，你若真的認為他是個不值得愛的人，便要堅持不與他見面。假使你仍覺得這人可信賴，也要小心處理性行為的要求，為自己定下底線，不要與對方單獨共處或到僻靜地方（特別是他的家）。

緊記有很多事情的後果只能由你一人去承擔，不論身邊的朋友、家人怎樣愛你，也無法代替你去承擔這些事情。

letter 11

Q 師傅：

你好，我真的不明白男人的心理，請師傅指教。

我和男朋友拍拖已半年了，自他見到我的那刻開始，他**每次都説他有性衝動**。無論我們一起看電影還是逛街，他一見到我，他的陽具就會勃起；剛開始我不信，但半年了，我不得不信，我不明白這**是不是他心理有問題？**

其實，我們也曾經一起睡過覺，不過我和他並無做愛，因為我拒絕。他見我哭，也沒有硬來。

雖然我們沒有真正做過愛，但他有時也會叫我幫他手淫，有時，我見他勃

起那麼大，**好辛苦似的，我就順他意**幫他手淫。但我覺得這樣子是不好的，
我真的想不到為什麼？

到底他有什麼問題呢？可以醫治嗎？

問號

親愛的問號：

男性在一個心儀的女性面前有性衝動其實也是正常的事，這對男性來説是正常的事，絕不是病態，也不須醫治，不過怎樣處理這個性衝動便大有學問了。

從你的來信中可看出，你也不是太願意為對方手淫，只是「順他意」而去做。其實在兩性相處中，坦誠是十分重要的，若你真的不想做，便要坦白向對方説清楚。不要以為順他意就是愛他的表現，你這樣不是在縱容他嗎？而且這些要求一般都會有加劇的情況，**今天需要你的手，明天需要的可能是你整個人，你又是否會「順他意」去接受？**

若你真的不希望再有這些情況出現，可到一些較公開的聚會點約會，不要到一些僻靜或

只有你們兩人的地方，這些環境只會挑起對方的性渴求。兩人相處也試試不要過分親密，拍拖期間摟摟抱抱、接吻也是無可避免的，但若出現撫摸身體，甚至接觸性器官等行為，就大大超越了界線。這些行為不代表愛，不發生關係也不等於不愛。你也要反覆思想，現在的關係是為了滿足性的慾望，還是你期望的那種關係呢？

沒有人可以強迫你去做任何事，你絕對可以自己作選擇。所以你真的要想清楚自己為了什麼而拍拖？為了什麼選這個男孩子？為了什麼要「順他意」？為了什麼不去拒絕？

希望你可以拿出勇氣，試試拒絕對方一些不合理的要求。

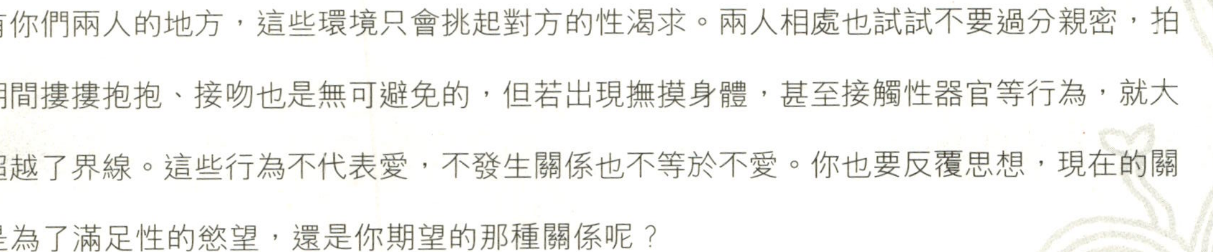

我們的第一次只得一次

letter 12 - 17

letter 12

Q 師傅：

我……曾經畀 ***ex-bf*** [註] 強姦過啦……咁呢，我而家又有個新 ***bf*** [註] 啦喎……

前幾晚去佢度過夜……其實我都知咁做會幾危險……

但我同屋企人嗌交嗌得好厲害呀！**唔想返屋企**……之後咪……

而家覺得自己好 dirty 囉……**唔知呀**……而家覺得好煩呀！我都唔知可以點……

師傅呀！你教下我啦……我想做一個乖乖女……但點解會咁難？

而家覺得好驚……

傻女女

親愛的傻女女：

你現在最害怕什麼？是害怕面對自己、害怕面對性行為的後果、還是……？

已發生的事已經無從挽回，亦無可改變，成為你成長中一個深刻的片段。這些片段叫人不快，叫人難受，但都是不能逃避的事實。惟有在當中接受自己成長中的軟弱，重新為自己的生活定下界線，讓自己汲取教訓，學習成長的功課。

你一開始便說曾被前任男朋友強姦，我們必須認真的去處理這件事，不單因為強姦是很嚴重的刑事罪行，更重要的是**這件事對你會造成身心的傷害，絕不是一個年輕的女孩可以單獨面對的**，你可有跟你信任的長輩談過？我們要嚴肅對待，除了因為犯事者要承擔法律責任，你受的傷害也需要更成熟的人幫助你復元，如果不好好處理，這些傷害會繼續長遠的影響你。

你說你有了新的男朋友，但因為你與家人的關係令你不想回家，於是你明知道危險也到他家過夜……傻女女，**家本應是我們的保護，什麼事令人失去這保護呢，不管這事有多煩，你也要認真去尋求解決，不然你便要獨自去面對家以外的種種危險。**

作為一個人，我們往往被肉體的感受所牽引，結果就讓自己陷入悔疚當中。若你仍珍惜自己，你真的要認真處理與男朋友之間的關係，這段關係必定會因為性的出現而產生變化。若你想成為被尊重的人，你自己也必須要先尊重自己。不是別人要求有性行為，性行為就要發生；不是因為對方是男朋友的身分就要與他發生性行為；更不是因為曾經有過性關係，就可以隨時都可再發生性行為。

這個身體是你的，是你掌握着這個身體的命脈，其他人無權控制你或操控你的身體。若你不願意，沒有人可以強迫你去作任何事，包括性。

傻女女，不知道你是否清楚自己在戀愛中的感受、在關係中的角色？有時我們很渴求得到接納與認同，往往以為性行為的肉帛相見就是坦誠的愛。但真正的愛是什麼呢？你所期望的愛又是怎樣的呢？性行為絕對不是一段關係中的必然產物，只是我們常被情慾所瞞騙。

愛的功課是一生也學不完的，要說也說不盡。但願你由今天開始，認真思想自己的需要，認真面對自己的關係，也認真面對自己的軟弱。

letter 13

Q師傅：

我同我男朋友一齊咗唔係好耐，有一日佢問我有無同人發生過關係……我知**佢好介意**我有；我唔知我可以做咩！佢同我講佢個心好唔舒服佢好介意……我唔知我可以做啲咩!!! **我好想佢可以接受到我嘅過去，**佢係佢真係好介意，我可以點做？

yivi

親愛的 yivi：

你的來信雖然短，卻不斷重複兩句說話，第一句是你的男朋友很介意你和別人曾經有性關係，第二句是你不知怎麼辦。

你來信中沒有提及你是在什麼情況下和別人發生關係，也許當時你是不願意的，也許你是為了愛而和那人越過了親密的底線，但無論如何，**你現在似乎已相當後悔，因為眼前你所愛的人，很難接受你這一方面的歷史。**

也許你會問，難道他不愛你嗎？如果他愛你，為什麼他不能接納你的全部？我想你認清一個事實，雖然社會上有很多人說，性生活是愛情生活的一部分，但沒有多少人真能完全接受到，自己所愛的人曾和別人有過親密的性接觸。即使後來終於能夠接受，但內心或多或少總留下陰影，在兩人關係不太和諧的時候就會爆發。

但事情既已發生，那便是發生了，不能當作沒事，因為這是沒法抹走的事實。或許是考慮到這一點，所以有些青少年工作者會說，情到濃時總要三思，第一次得一次。

從你的來信，我猜你男友已得知你曾有過性經驗，不論是由你自己說，還是他自己猜到，總之他已經知道。老實講，你也沒有什麼別的可以做了，你只能等他自己想通，直至他不會一閉起眼就想起你跟別人纏綿的景象，直至他控制到自己的目光投放在你今天對他的愛，以及今後你對他的忠貞。若果他至終也不能擺脱負面的想像，你這段本來也許有好發展的感情，亦只能就此告終。**建立對方的信心，是你們能否走下去的關鍵。**

性關係不只是赤身露體、性交那麼簡單，當中還包括你給對方的愛與信任。當你把身體交付出去，卻至終分開了，你的愛情便落空了，你的信任也落空了；你察覺到也好，察覺不到也好，你的心終歸是傷了。身體的觸感會隨年月漸漸麻木，但心靈的傷口若沒有好好照料，傷口會一直隱隱作痛。所以你在要求對方接納你的同時，自己也得接納自己的過去，原諒自己當時年紀小行錯路，承認並面對自己的過失，你才有力量重新站起來，不被過去纏擾，不被過去傷害。

有些人面對這個處境，會出現這種想法：一次髒，兩次穢，以後無所謂。於是往後再次談戀愛時，在性方面就變得隨便，卻也因此而經常感到不安全，常常害怕對方有一天會跟自己分手，害怕落入不斷拍拖不斷分手的循環。相反，要是你能保守你的身體，保護身體日後的忠貞，你便有條件向他作出保證和承諾，有足夠説服力邀請他與你一起面向未來，不再糾纏於你的過去。

當然，即使你能接受自己，也不保證對方能接受你的過去。對於他，你能做的便只有這些，剩下來的便是等待了。

letter 14

Q師傅：

月經應該快來了，但卻還沒來，而和男朋友**性交卻沒做預防……**

Q1・如果性交但沒在體內射精，**這樣會懷孕嗎???**

Q2・如果陰莖沒有完全插入，也沒有射精，**這樣會懷孕嗎???**

請您快回答我，好擔心啊！

擔心的我

親愛的擔心的你：

Q1．性交時在體外射精會否懷孕？

男性射精之前，前列腺會分泌一些液體，經尿道口排出，有助潤滑性交過程，這些前列腺分泌可能含有精子，所以你如果和男友性交而沒做預防，男友雖沒射精，你仍然有受孕的機會。

Q2．性交時陰莖沒完全插入，也沒有射精，會否懷孕？

陰莖雖然沒有完全插入，也沒有射精，仍不等如沒有前列腺的分泌進入你的陰道……換句話説，仍然有懷孕的可能。

在Q師傅看來，**你們的性知識不足，卻已埋身接觸性事，你不覺危險嗎？**如果懷孕了，是否輕易打掉便可沒事？其實這不單是你自己的事，你和你的男友應該共同去面對，大家要先想清楚，基於一時衝動而行是很危險的，不但可能有孕，對你倆的心理、情感有何影響，也是該慎重考慮的。

你們今次可能沒出事，但也是時候想清楚你與男友的關係，在知識和情感上彼此是否成熟？現階段有性關係合適嗎？

Yi.P ♡ Mo
Love
Forever
3G

letter 15

Q師傅：

我男友在我的內褲前……**隔着三條褲**射精（他的內褲、他的褲及我的內褲）。

事後我的內褲有點濕的跡象……。

現在距離上次月經**已經一個月了**……

我很擔心……我有了 bb 啊……。

擔心的小女子

親愛的擔心的小女子：

你還好嗎？從你的署名，就能夠體味到你的不安與忐忑，我心裏亦掛念你的情況！

其實隔着三條褲射精，會否令你懷孕是個未知之數。因為只需要很少量的精液就足以令女性懷孕。事實上，曾經有個案是男在女的身上自瀆後射精，亦導致女朋友在沒有性交下懷孕。

至於你濕了的內褲及月經的遲來，是否引證你已經懷孕呢？卻也不一定。其實女性在性興奮時，陰道也會排出分泌物，這些分泌主要是有潤滑作用，減低性交時雙方性器官的磨擦。至於月經，青春期的少女們，普遍有月經不準的情況，壓力、焦慮都是月經提早或延遲的因素。

我建議你**不要再等待月經的來臨作印證**，我鼓勵你主動向家計會青少年保健中心尋求協助（若你年齡在 26 歲以下及未婚）。

從你的信看來，似乎你在男女相處上亦有自己的界線，其實身體的親密，很容易帶來性的興奮與衝動，要在這個情況下保持高度的理智，持守自己的界線及原則是不容易的，所以我鼓勵你**與男朋友重新協商一條身體親密的界線，以防止觸動雙方的性衝動**，在不理智的情況下發生性行為。

再一次多謝你對我們的信任，願意跟我們分享你的掙扎，希望以上的分享能稍稍減低你的擔心吧！

香港家庭計劃指導會青少年保健中心，熱線：2572 2222。
http://www.famplan.org.hk/

letter 16

Q師傅：

我和女友發生關係，她說她也是**第一次**……但我沒進去，只是在陰道口摩擦而已，我也沒射精……可是有一些分泌物殘留在陰道口……而且她有處女膜，那代表會不會懷孕？她都**大半個月沒來月經，會出事嗎？**

十分焦急，妳可以趕快回應我嗎？謝謝！

abd

親愛的 abd：

你焦急什麼呢？怕懷孕？怕要負責任？怕要一生一世？你沒有準備做爸爸吧？**當初你們沒有想過會有這些後果嗎？**

很多年輕人都以為性行為沒有進入陰道便「沒事」。雖然你提及你沒有射精，但男性在射精前亦有一些分泌物流出，這些分泌物內亦包含有精子，已足夠令女方懷孕。

處女膜與是否有孕在這裏關係不大。至於女方「大半個月」沒有來經嘛——其實你們知道月經週期是多久的嗎？正常的月經週期每次會有24至28日，所以「大半個月」沒有來經是很正常的事。經期會受很多心理因素影響，就算稍為長了或不準時也不足為奇。

Q師傅從信中似乎只感到你關心對方是否會懷孕，但你又可有關心作為一個女孩子在這段日子所受的驚怕、憂慮、恐懼呢？可能你自己也有這些感覺，也想有人支持吧？兩個人相處，有問題出現就要彼此支持、關心，最重要是保持良好的溝通。

雖然你們沒有完成性行為，但這樣親密的身體接觸其實是會上癮的。就如打機一樣，到某一個程度已不能滿足你，要進級才能夠帶來更多的刺激。身體接觸也一樣，**今天你們仍然**

有很多後果不是你今天能夠看見的，希望你們兩人都認真思想。

letter 17

Q師傅：

我8月21號同女友發生性行為（*編按：8月29日來信*）……
隨咗幾下冇插晒冇射精，過了28小時後食了第1粒事後丸，
過12小時左右再食第2粒，事後丸係 ***mk***[註] 一間藥局買的。

不過佢食完到現在仍未來經期，佢上次來是24/7，但呢排**大食了＋尿頻＋乳房痛**，
佢本身一日去2-3次廁所，但呢幾日去3-6次，想問**會唔會有bb？**

又想問：

1：手指有精液，插入陰道，未破會唔會有 bb？

2：食事後丸最遲幾耐就會來 *M*？註

3：**有 bb 有咩特徵？**

4：過了 16 歲去家計會落 bb **要家長簽名麼？**

我為了這件事認錯好多次，同戒了自慰及看「*四仔*」註的習慣。唔該晒你！

擔心的人

親愛的擔心的人：

從來信中看到你除了擔心之外，也充滿了內疚與自責。不過事情既然發生了，便要盡全力去解決！

先回應你的提問：

1. 若手指沾有精液插入陰道，是絕對有可能導致女方懷孕的。雖然你提及「未破」，相信是指處女膜未破的意思，但其實有些女性的處女膜穿了也未必會有明顯的流血情況，所以你不要以為沒有流血就表示沒有破。

2. 服食事後避孕藥必須於性行為後72小時內服食，而坊間有很多不同類型的避孕藥物，所以沒有一個絕對的答案說究竟什麼時候經期會來。而且每個人的經期均會受很多心理及外在因素影響，實在很難在此給予一個答案。不過你是否知道那藥物有否副作用？服用的人（即是你女朋友）是否會對這藥物有過敏反應？這些可能是你更應該關心的。

3. 懷孕的特徵一般來說最明顯就是經期停止，其他的反應則因人而異，不過**其他明顯的徵狀會於懷孕後兩三個月後才出現。**

4. 若要在香港合法墮胎，必須有兩個註冊醫生簽紙，是否要知會家長則視乎個別個案而定。

要解決問題，最理想就是去了解、去認識、去掌握多一點有關的資料。從你的來信看來，你似乎對於如何成孕的生理過程不大了解。在戀愛關係中總有很多性的誘惑，而這些誘惑就像一個深淵，愈陷愈深，愈試便愈想，永遠無法滿足。對抗性誘惑，有很多方法，可嘗試尋求一些成熟的長輩協助，建立支援，彼此守望。但最重要的是有一顆想改變的心，立志守護自己的身體及尊重別人的身體。

PCP
惟一能夠保證不懷孕的方法是不要
隨便與人發生性行為。

我們要緊守底線

letter 18 - 20

letter 18

Q師傅：

我而家拍緊拖啦，但係我哋都唔想感情係 base on 身體嘅接觸，所以我哋決定 3-4 年內都**唔拖手，其實咁樣有可能嗎？**

問題少女

親愛的問題少女：

Q師傅很欣賞你對身體接觸的重視，對關係的認真。

能夠在拍拖階段有清晰的思維，實在是很難得的事。不過在拍拖階段一些基本的身體接觸是無可避免的，若拖手都要禁止的話似乎令雙方都處於一個高壓的狀態，而且亦抹殺了在拍拖期間的甜蜜感覺。

其實你為什麼要定下這樣的底線？是太害怕自己無法面對身體接觸的誘惑，還是另有原因？若一旦拖手了又代表什麼？是害怕自己不懂得拒絕再進一步的要求嗎？「性」的感覺是自然而生的，不論男女都會對一些親密的接觸有一定的渴求，如我們都渴望被所愛的人擁抱，都是正常的反應。**當這些反應出現後，我們要面對的是如何處理，而不是刻意避開這些感覺。**有時可能會出現愈避愈想的情況也說不定呢！

你也要留意自己的這些要求，會否過分苛刻？會否令雙方都處於極不自然的狀態？兩個人的相處很在乎彼此的坦誠與接納，若雙方都對這個底線感到一定壓力時，就需要認真的再調較一下。不要讓這些規定影響你們彼此建立感情。

給親愛的Honey
你的Honey上
xxx

Q 師傅：

佢[illegible]被我識咗一段時間，我地近來經常一大班人一齊[illegible]玩。有一次，大家飲完酒，去咗個 friend 屋企玩。喺一間 room 裏，佢[illegible]我[illegible]，之後有個 friend 喺隔離[illegible]咗。

佢錫我，我地錫咗好耐。

後來我提番，佢 say sorry，佢都好照顧我，又打畀我。一班人一齊出嚟玩前，**試過兩個人去食飯，佢請。**有次一大班人玩完後，有個男仔要送我番屋企，佢就 send SMS 話同我食早餐。原來佢跟住我地搭下一班 MTR。

佢份人係對女仔好 gentleman，但又無講過愛我。**佢係咪中意我**，想 chase 我呢？我該點做呢？

Fish Fish

親愛的 Fish Fish：

愛情醞釀期間的那種似是而非的感覺，往往叫人難忘。你們的關係一直是朋友，為什麼會突然「吻起來」呢？**是什麼原因令你沒有抗拒一個朋友關係的男生睡在你身旁、甚至接吻呢？你又認為對方為什麼會對一個朋友做出這些行為呢？**

愛情不單單只有屬於愛情的行為（如接吻、拖手、擁抱、約會等等），還要有真誠的溝通。可能現在大家都處於猜疑的當中，彼此都享受那種似是而非的感覺。但為什麼不嘗試去肯定這段關係？是害怕面對事實？還是雙方根本不存在愛呢？若對方一直都維持這種態度，但卻一直不向你表示愛意，那會否是欺騙——只享受類似拍拖的親密行為，卻不願負上愛人的責任？

若你真的對這段關係感到迷惘，也可以坦誠地向對方查問，當然仍要有女孩子的矜持，譬如：「你成日咁約我、對我咁好，我會以為你中意我……」試試對方的反應。不論反應怎樣，喜歡不喜歡，都可以讓大家的關係有一個清晰的界線，不用再互相猜疑，更可避免不必要的親密行為再次發生。

最後，希望你能鼓起勇氣，將混亂的關係弄清楚。是愛或不愛？是朋友或男朋友？**總要有個清楚的身分，不要讓別人認為你是一個隨便的人。**

Q 師傅：

我同男朋友拍拖都有 3 個幾月……我地會一齊去玩，有問題就真係會攤晒出嚟講。次次有問題，唔開心完同埋傾完之後，都會覺得對方好重要，我地會好重視對方既感受……

最近因為我地考試所以冇見好耐……大家都會**勁掛住對方**，我知佢真係好掛住我，而我都係咁……又因為好耐冇見，所以好想見到佢同埋畀佢錫我……有時我會好覺得佢錫我係因為愛我，個種感覺好強烈㗎……咁，**我地嘅愛，算唔算建築喺攬攬錫錫上邊呢？**但我又好知佢真係會關心我，唔係 only 為咗錫我嗰種……。

小女子

親愛的小女子：

Q 師傅看到你對愛情的認真，現在有很多戀人都認為有親密行為是必然的事，很少人仍會細心考慮當中的關係。

在戀愛關係中，無可避免地必然會出現很多挑起情慾的親密行為。若親密行為處理不當，便很容易導致感情變成以情慾為主。**身體距離逐漸減少亦是一個危險的訊號**，很容易便以為更進一步是自然或必然的事。

若你不想關係只建築在親密關係上，那最好是避免親密接觸的陷阱。有時大家會特意去一些人較少或較幽靜的地方約會，好像是預備發生不能讓人知道的祕密行為，其實可能大家心裏都明知事情會這樣發生，但亦不去拒絕，以為應該可以處理得來的，結果卻雙雙墮入了陷阱。

戀愛最重要是溝通，若你對親密接觸感到有顧慮時，你就要提出，好讓大家一同找出問題，面對問題。你也要留心，因為女性自己都會對親密接觸有所渴求，這不是男性的專利。所以你們二人必須互相提醒，互相支持勉勵，這樣感情才會更穩固地成長。

老婆仔
，錫晒你
呀!!

「一段長久的關係，
需要承諾、責任、關懷、
彼此坦誠地相處，
這些條件的重要性
遠遠超越了
『安全性行為』的知識及
實踐。」

《第一次得一次！》

我們要勇敢面對

letter 21 - 24

letter 21

Q師傅：

在學校裏很自然的會有男生追求，其實我不知道是否喜歡該男生，根本上對他沒有感覺。但**某天在沒有人的地方**，他突然緊抱着我，把我嚇呆了，然後我整個人僵了，沒有反抗他進一步的行動，我都嚇得不敢動彈了。**這算是性侵犯嗎？**

我可以怎樣向他解釋我不喜歡他？可是他又……

煩惱中的人

親愛的煩惱中的人：

實在很嚴重啊！不知道你信中所提及的那個「他」與你是否單純同學關係？但不論他與你的關係如何，**即使是男女朋友或是夫婦，他所作的每一個行動只要是在你不願意的情況下，都足以構成「性騷擾」或「非禮」**，甚至是「強姦」的刑事罪行，對方是有機會坐牢的。

由於事態嚴重，Q 師傅希望你能找一位可信任的長輩，可能是老師或社工或家長，與他們商量是否會採取法律行動。若認為法律行動不適合的話，Q 師傅也認為你不可再單獨與他見面，須有長輩陪同你與這人見面，表達清楚你的立場，以示警告，以免此人再重蹈覆轍。

此人看來是你認識的一個追求者，但不能夠因為是相識、怕尷尬而讓此事不了了之。就是因為你們認識，便更加應該要處理糾正，喜歡一個人怎能罔顧對方的感受？同樣，**你也要學習怎樣去保護自己**，為何會讓對方有機會緊抱你，繼而再進一步？是你答應了對方的約會嗎？還是你沒有想清楚自己的立場？想想，你有沒有在言語及行為上讓他誤會？有時拒絕別人的追求也要直接、要斬釘截鐵，不要令對方有任何誤會的空間。

　　一般人在受到侵害時，本能反應都會反抗、離開或大叫。不管你被驚嚇的程度有多厲害，總不能呆在當場任人魚肉。而且呆的時間不會持續很久，當你反應過來時，又有否拒絕或喝止對方的行為？若你不作任何表示，對方便相信你是「願意」或「接受」這種行為。假如他另外還有一些威脅性的舉動，令你有所顧忌，情況便更為危險，若不及早處理，只會愈來愈嚴重。

若你在拒絕別人一事上有困難，可以多從日常小事開始練習，例如別人邀請你去某地方吃午飯，嘗試提議另外一個吃飯地點。當你多提自己的意見，你慢慢會習慣如何表達自己的感受及立場。若有需要亦可直接尋求專業的心理輔導。

希望你能鼓起勇氣！

letter 22

Q師傅：

我有一個**朋友**（基督徒），她最近**被人性侵犯**呢！

雖然她已不是兒童（過了 16 歲），但她是極之單純的女孩，

對性方面的認識也很貧乏，她就連怎樣會懷孕也不肯定……

她最近被朋友性侵犯，但不知是否因為她不懂反抗，她認為自己與那個他是你情我願。縱然有其他原因令他們不能成事，但我亦知道她被性侵犯。

很可惜，她不單不懂得處理自己的情緒（既怕懷孕又怕父母責），

又仍然以為自己不是被人性侵犯，再者又不希望說給教會知。

作為她的朋友，我又不懂得該怎樣辦…… >.< 註

如何幫助她處理情緒？她該怎樣做？其實應否給教會的人知道這件事？

我怕我的建議不好令情況更差……希望您可以給一些意見（望盡早回覆。）

牝雞

親愛的牝雞：

從你的描述，我相信那位姊妹曾跟異性有過性接觸，雖未至於性交，卻也超過一般朋友關係了。她在如此不安的情況下，與異性有性接觸，對她的震撼是非常大的，心裏會亂作一團，我們實在不能奢望跟她理性討論。

這位姊妹既把這件事告訴你，相信她也頗相信你吧。身為她的朋友，你或許可以給她一點規勸，但卻不能代她行動，在她不願意的情況下把她的事情向教會「舉報」，並不是一個好的做法。要說，也應在她願意的情況下，陪着她向牧者尋求幫助。

她的情緒惡劣是可以理解的，幫助她穩定情緒，也有助她正面面對她的遭遇，而**助人穩**

定情緒的最佳方法是聆聽。怎樣的聆聽才算真正帶來幫助？我想，設身處地的去想想對方的心情和景況，會是最好的態度。第一步通常不要談什麼對與錯，先放開心懷，想像對方的處境，然後按情況把你的感受說出來。當你察覺對方情緒穩定下來，你們再討論解決之道。有時問題不是那麼容易解決，**不要緊，只要不讓問題惡化，問題總有被解決的一天。**

身為她的朋友，你看見她處境不妙，當然想幫助她，為她擔心。這份關愛之情，你要向她表達，不為期望她向你回報，也不是為了你自己，而單單只**因為你關心她，讓朋友間的關愛成為她面對這些處境的助力，讓她明白這世上還有其他關心她的人**，長遠來說，這會幫助她學懂愛惜自己、愛惜自己的身體。

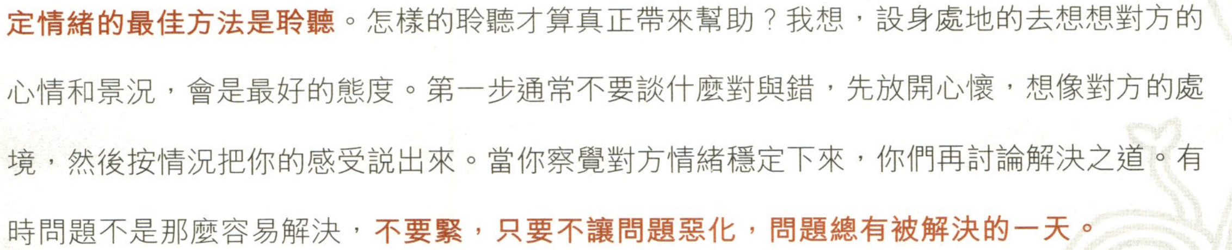

letter 23

Q師傅：

我喺未有月經嘅時候因為玩時唔小心弄破處女膜～

我到而家都仲未同人做過性交，

但係**同人地講佢地肯定唔信**～我驚我以後會冇咗個幸福小家庭 !!!!!

請問我應該點辦？

~~~~~~~~~~~~
~~~~~~~~~~~~

親愛的~~~~~~~~~~~~：

你也毋須太憂慮，其實你作過身體檢查沒有？你如何知道處女膜破損？有時下體出血不一定是處女膜破損。若有疑惑，應找婦科醫生查詢。

就算處女膜真的破損了，難道必會成為幸福婚姻的障礙嗎？不要那麼悲觀。因為對方若愛你，不但會欣賞你的優點，也能接納你的短處和限制，包括接受你過去的種種。你擔心的是，他會懷疑你是個隨便的女孩，介意你曾與其他男性發生關係，然而**你是否一個隨便的女孩，不是單靠「完璧」來印證，你平日的為人如何才最重要**。你是一個怎樣的人，從你的處世態度和價值觀中才可了解。如果你一向誠實待人，相信他不會當你的話是謊言。

若他真的這麼介懷，甚至嚴重影響你們的信任和感情，或許你也要再認真地看看這個人了，你們適合走上婚姻之路嗎？沒有人是完美的，你先要接納自己，才可欣然地讓人去接納你。

Q師傅：

他說他很愛我，他奪去了我的貞操，八個月後，**他一聲不響走了**，他說他對我沒感覺。前一天還說愛我，第二天就毫不傷心狠狠地甩掉昨天還緊緊握着的手。

正想放手之際，發現他在和我一起時，也和另一個女孩一起。女孩知了，說要報復他。而我，付出的比誰都多，我愛他，我就是如此深愛他。

我該如何彌補這個似乎永不痊愈的傷口？我還未成年。在這虛弱的位置，我撐不過來。告他？還是威脅他留下，讓我不愛他時飛掉他？

反正他自私，騙過九個女孩了，反正，我已告訴了他的家人，他父母大概也怕我告他。

受害者

親愛的受害者：

失戀總不好受，沒有人會喜歡自己被離棄，八個月的感情原來可以轉眼成空。是的，只有八個月的感情，但你們已發生了性關係。**一個學年還未完結，你們便經歷了傾慕、相戀、性行為，甚至分手。**

在面對一些突如其來的事情時，我們的反應通常都會變得激動難受。激動是因為我們沒有心理準備，難受是因為我們不能控制、不能影響事情的發展。若你們兩人在相處上出了問題，常常吵鬧，相對來說你會較有準備面對分手這事實。若真如你所說，沒有任何徵兆，沒有任何預告，無聲無色的，自然令人難以接受。

「他奪去你的貞操」，其實你與他發生性行為時，你也知道自己是未成年，但為什麼你仍願意與他發生性關係？若然當初是在雙方願意的情況下發生，今天又為什麼要以此來作為要脅復合的理據？不過，若你是不情不願被誘騙與他發生性行為的話，可能你也要認真考慮是否會尋求警方的協助。

被瞞騙的感覺不好受，很想為自己討回公道吧？但能發現這個人對愛情的不認真，不也是幸運嗎？總好過一直被瞞騙啊！今天清楚知道，也好叫自己死心！這個世界沒有不痊愈的傷口，只在乎我們以什麼態度面對，我們選擇以一種怎樣的心情生活而已。今天你覺得熬不過去，那便嘗試為自己多安排一些活動，努力去學習新的事物，參與不同的暑期活動，讓時間幫你治療。

當你再拍拖時，你真的要慎重考慮是否有必要與對方發生性關係，性行為不等於愛。你要緊記**有很多事情的後果是只有你一人去承擔的，不論身邊的朋友、家人怎樣愛你，也無法代替你去承擔這些事情**，就算你要報警，對方也受到法律制裁，但性行為最終的後果(不論是懷孕或是墮胎或是心理創傷），最終都只有你自己一人去承受。

最後，希望你能重新振作起來，那些威脅、報復、怨恨，只會使你更加痛苦。不愛就不愛，希望你勇敢面對新生活。

LOVE

ml

page 44

make love，做愛。青少年會以縮寫作代號，減少直接書寫或口述的尷尬。

cybersex / phone sex

page 48

統稱為virtual sex，透過網上聊天或電話對談，與相識的或陌生的人一同描述一場性行為，類似角色扮演，其中或會涉及自慰。有webcam及3G流動電話後，純文字及語音交談已有條件加入影像部分。Phone sex已發展成色情行業，而 cybersex 則因其不易分辨身分，方便變童癖者隱瞞年歲接近青少年，逐步進入 cybersex 的內容。

ICQ

page 54

來自 I Seek You 的諧音，是一種廣泛流行的互聯網即時通訊軟件，可免費下載。單是這一公司自 1996 年啟動以來至今已有超過三億個登記號碼，另外還有微軟的 MSN 及中國內地的 QQ 也是極受歡迎的同類軟件。每個用戶都有一個專屬號碼，即使你沒有某人的號碼，也可以隨機向任何用戶發出訊息。而用戶則可選擇不同程度的加密保護，譬如可把某一特定號碼列入 ignore list（功能如黑名單），拒絕接收來自該號碼的任何訊息。

la / ga / lor / d / wor

page 58

雖然是由英文字母組成，但卻是粵語，類似的拼法其實是代表「啦」、「㗎」、「囉」、「啲」、「喎」等粵音字，通常有助詞或副詞的功能。因為很多電腦的中文解碼系統並不包含粵語字庫或輸入法過於複雜，便開始有人以最簡單的英文音節拼成同音字，令網上聊天的口語感更流暢。因其流通漸廣，在本地成了一種網絡上的獨特書寫，甚至有人在全篇以英語書寫的情況混入這類粵音英拼字，於是就出現了兩岸同胞看不懂我們的中文、外國人看不懂我們的英文的怪現象。

gf

page 58

girlfriend，女朋友。

bf / ex-bf

page 72

boyfriend，男朋友。 ex-bf 為前任男朋友。

mk

page 94

mongkok，旺角。

本地許多青少年喜愛流連的地方，這個區域經常聚集大量青少年及以青少年為對象的商業、文化、街頭活動。mk 也會被用作形容詞，代表青少年的潮流文化，指涉的包括外表、衣着、態度、談吐、人際關係……但因 mk 文化極受潮流影響，故也難以給予固定的定義。

M

page 95

Menstruation，月經。

四仔

page 95

純粹只為激發觀眾性慾的色情電影。一般電影如果內容包含有色情或性愛的成分，經電檢處檢定後會被列為第三級，18 歲以下青少年不可觀看。但仍有不法商人進口地下色情光碟，這些影片由於未經檢定及部分畫面根本不可能通過電檢，所以被稱為「四仔」，意思就是程度已超越了第三級。

page 120

這是一種表情符號（Emoticon，也稱 Smiley），在這個組合裏 > < 代表眼睛，而 . 是嘴，拼起來是一個痛苦的表情。這是網絡上或手機短訊中常用的圖案，用以表達一種情緒。早期的表情符號多為橫式的笑臉 :) 及其變奏，後來不同文化羣體逐漸發明出更豐富的表情符號，也不必再打側 90 度才看得明白，像 ^_^ 便是一例。甚至有描繪肢體動作的符號出現，如 **Orz** 便是五體投地。

每日都收到有很多關於情與性的問題，Q師傅感覺如何？

有時看着那些來信，心裏也挺不好受。每天都對着大同小異的問題，不禁從心底問：「點解咁喍？」大家都好像不懂得怎樣去愛人，但偏偏又很容易墮入愛河，甚至關係還沒弄清楚就發生了性關係……面對年輕人那種對感情的輕率，Q師傅也就不期然冒起痛心的感覺。有時也會有點怒氣，因為同類信件早已回答了超過十次，但來信的朋友卻好像從沒有看過信箱內的其他來信，心裏只想着答案、答案、答案！當然，這反映了他們焦急的心情，不過如果他們能**先看過其他人的來信，也許會更明白自己處境的獨特之處**，而Q師傅也就更能對針對問題所在去回應。

Q師傅最怕的或令你最頭痛的問題是什麼？

沒有什麼是最怕的，不過有時收到一些關於性取向的問題，會回應得比較小心，因為現在的社會對這類話題很敏感，要是用詞不小心，對方便什麼也聽不進去，溝通就此終斷。

這些年來，來信提及的問題有什麼不同？

有一點點分別啦！但關於性的問題其實是萬變不離其宗。反而拍拖、分手的問題就變得有點複雜——牽涉的對象會比較多，每段感情的時間又很短，甚至幾段感情同步發生。很容易分手，又很容易再開始，沒投入時間去經歷愛，反而經歷了性。不過說到底，各人有各人的問題，不能說全部來信者都是這樣，只是拍拖戀愛都是很多人會經歷的事情，所以這方面的來信會較多吧。

為什麼青年人好像總是特別多問題？

除了來信中較明顯的問題，Q師傅也發現青年人很受社會環境影響。現今的社會很容易把問題簡化，非黑即白，好像什麼事都能簡單地給一個標準答案。甚至連人際關係也是這樣，不支持我就是反對我，敵人的朋友就我的敵人，不是愛就是恨……這種社會氣氛，很容易令人流於感情用事，對解決問題一點好處也沒有，被兩極化的框框限制了自己。青年人在這種影響下，面對困難時容易走入死胡同，以為沒有出路，有些人更會一時想不開而傷害自己。

關心青少年的人，可以如何從這些信中解讀青少年的需要？

Q師傅最想送給青年人的禮物只有兩件，第一件是給青年人**一個傾訴的空間**，另一件就是**引導青年人思考的方向**，好讓青年朋友能「經一事、長一智」。正如Q師傅一直在信箱中所做的，就是耐心聆聽，不急於下判斷。關心青年朋友的人也可以嘗試，**專注地細聽青年人的內心世界，投入青年人的生活處境，回想自己還是青年人時是怎樣面對這些問題**，便能明白今日青年人內心的需要，甚至心中的恐懼。

師傅過招
Q師傅
拾五拾六
FAQ
陸續有來……

你有什麼煩惱？

喜歡與暗戀？多角戀？師生戀？拍拖相處？網上情緣？同性戀？痛愛與失戀？基督徒的戀愛煩惱？……

自我形象？家庭關係？師生關係？朋輩相處？情緒、壓力？學業、前途？

甚至是科學、哲學，有關浸禮、事奉、宗派與宗教、聖經與神學、得救與成聖、傳福音、信仰生活、教會生活等問題……

歡迎你進入Uzone21.com*，看看有沒有人問過與你一樣的問題，竟然沒有？那就寫信給Q師傅吧，別怕，這些都是《拾五拾六FAQ》，少年十五十六的時候總會問！

*Uzone21.com（勇想廿一）由突破機構建立，為全港第一個純以青年人觀點看世界的網站，並建立了一個極生動、具創意及真情的網上互動社羣，為青少年提供無限的空間和機會，在這裏他們不分疆界、種族與階級，自由自主地彼此學習、交流、發表意見及發揮獨特創意與才能。

http://www.uzone21.com/

感謝您選了這本書，閱讀以後，
您有沒有一些啟發，一些感想？我們期望您的聲音。
請登上 **www.btproduct.com/book**，
在「讀者回應卡」頁面內填寫。謝謝。

飛翔專號系列·成長自助最新書目

《第一次得一次！》

作者：黃嘉儀

未來世界的少年，出入以懸浮列車代步，日常都是吃基因改造食物，愛情卻像是漸漸失落的學問。少年二米被選中參加「戀愛教室」試驗計劃，每當他站在愛情的十字路口，他的愛情導師總是適時出現，幫助他重新思考愛的真諦、愛的責任，化解約會中的衝突，對性的誘惑說「不」。這位神祕的愛情導師到底是誰？

書名	版次	作者
有話好說——青少年溝通學堂	初版1刷	李錦洪
理財的階梯	初版1刷	龐愛蘭
假如爸媽不再相愛	初版1刷	何玉燕
快樂成長祕笈	3版1刷	張倫成、陳潔貞
愛情偵測站	3版1刷	黃麗燕等
愛情 Teen 書	初版1刷	趙慧雲、陳之虎、黃勁輝